Für: ....

Von: ....

Beginne den Morgen
mit deinem Lieblingsfrühstück,
fege alle Termine
von der Tagesordnung
und lass mit einem
lieben Menschen
die Seele baumeln!

Jeden Tag eine Chance zum Anbeißen: „Pflück dir ein **Stück** vom **Glück!**“

Glück ist:

Sommerregen

Du fragst dich: „Wo ist das Glück geblieben?"
Das Glück antwortet: „Ich mach nur mal eine Pause!"
... und siehe da, plötzlich taucht es wieder auf,
wenn du es am wenigsten erwartest.

Geh von Zeit zu Zeit

ins **Grüne**,

um ein Stück

vom **Glück**

zu finden.

Glück ist:

ein zufriedenes

Lächeln

Glück ist die Freiheit,
das Leben genießen zu können.

Glück ist ein Augenblick.
Glück ist ein kleiner bunter Schmetterling.
Glück ist der Duft von Sommerflieder.
Glück ist, dass jeder Tag neue Glücksmomente bereit hält!

Glück ist:

in einer warmen Sommernacht
gemeinsam Sternschnuppen zu zählen.

Entdecke die Welt
aus neuen Perspektiven,
habe Mut zur Veränderung
und denke einfach mal querbeet.

Glück ist:

eine neue Eissorte

erst mal ein Sonnenbad :-)

Gib den Dingen die Zeit,
die sie brauchen und
mit ein bisschen Geduld wird aus

Grün: Rot.

Glück
Glück

Das **Glück** im Leben
hängt von deinen
Ideen ab,
die du hast!

Wann immer du dir Zeit nimmst,
schöne Augenblicke zu genießen,
verlängert sich dein Leben
automatisch um ein
gutes Quäntchen Glück.

Glück ist ein

Jag ihm nach und er entwischt

dich hin und er lässt sich auf deiner Schulter nieder.

Das **Glück** ist das Einzige, das sich verdoppelt, wenn man es teilt.

Glück ist:
Heimat

Glück ist:

ein Regenbogen – und wenn gerade
keiner in deiner Nähe ist,
dann zauber dir eine Regenbogenkugel!

Achte auf die kleinen Dinge in der Welt,

das macht dein Leben

bunter und glücklicher.

Glück ist:

eine extragroße freie Parklücke

Glücksrezept

Man nehme eine Prise Entspannung,
einen Teelöffel Glück
und eine Handvoll Zufriedenheit,
garniere alle Zutaten
mit einem Häubchen Harmonie
und ein paar Ruhe-Flöckchen.
Nun lehne man sich zurück,
genieße das Ganze an einem
lauschigen Plätzchen
und fühle sich rundum wohl!

Das Glück kommt
überall dorthin,
wo ein
gutes wohnt
und eine
liebe *Seele*
zuhause ist.

think positive

Setz dein schönstes Lächeln auf, hab Spaß wie ein Kind,
hab Mut zur Veränderung, setze dir immer wieder neue Ziele,
nimm dir Zeit für dich, es gibt schlechte und genauso
viele gute Tage, erfülle dir einen Traum,
besinne dich auf deine Stärken, schau nach vorn,
glaub an dich, lerne aus Fehlern, sei kompromissbereit,
öffne dich für die kleinen Dinge des Lebens,
bewahre dir schöne Erinnerungen
und erlebe jeden Tag ein Stück vom Glück!

• Buchidee & Grafik: Yvonne Wagner

• Fotos: Titelfoto + Seiten 21, 35, 45: Saskia Becker
Seite 12: Werner Bethmann, Seite 36: © Gundula Diering
Seiten 4, 42: © Flora Press, Seite 9: © mauritius images
Seiten 16, 24, 38: Yvonne Wagner

• Texte: Seiten 2, 20, 28, 43, 44, 47: Kartini Diapari-Öngider
Seite 37: Nicole Köhring
Seiten 5, 8, 10, 15, 17, 18-19, 25, 27, 39: Yvonne Wagner

ISBN 978-3-86229-177-9

Inverkehrbringer: GW-Trading GmbH, Gütersloh

www.gwbi.de